300, rue Léon-Joulin, 31101 Toulouse Cedex 9 – France

Loi 49.956 du 16.07.1949
sur les publications destinées à la jeunesse.
Dépôt légal : 4e trimestre 2010
ISBN : 978-2-7459-3198-6
Imprimé en France par Pollina, 85400 Luçon – L55289B

LES GOÛTERS PHILO

BRIGITTE LABBÉ • P.-F. DUPONT-BEURIER

LES DROITS ET LES DEVOIRS

ILLUSTRATIONS DE JACQUES AZAM

MILAN
jeunesse

Au menu de ton Goûter Philo

La Planète sans Devoir

« Oh non, c'est encore fermé ! Cela fait 3 fois que l'on se déplace pour rien ! Il ouvre quand, ce cinéma ? râle Élodie en cherchant une fois de plus les horaires.

– Demandons à quelqu'un d'ici », suggère Dimitri.

Élodie arrête un passant.

« Ah ah ah ! rigole le monsieur. On voit bien que vous venez de la planète Terre ! Les horaires, tout le monde s'en fiche sur la Planète sans Devoir.

Revenez régulièrement, les propriétaires auront besoin d'argent, ils ouvriront bien un jour. »
Étonnés et déçus, Dimitri et Élodie s'installent dans la minifusée pour rejoindre leur hôtel. À mi-chemin, la fusée se pose et le conducteur demande aux passagers de descendre.
« Mais pourquoi nous dépose-t-il ici ? s'étonnent Élodie et Dimitri.
– Comment savoir ? répond une dame en soupirant. De temps en temps, les conducteurs prennent la minifusée pour partir en balade. Il reviendra dans une heure, 2 heures, une semaine, ça dépend.
– Ça dépend de quoi ? demande Élodie, ébahie.
– Aucune idée », répond la dame en leur souhaitant bon courage.
Dimitri prend Élodie par la main. À pied, ils visiteront encore mieux. Après 7 heures de marche à travers de magnifiques paysages, une nouvelle

surprise les attend à l'hôtel : leur chambre est occupée.
« On avait dit que l'on restait encore 2 nuits, vous n'avez pas le droit de donner la chambre à quelqu'un d'autre ! s'énerve Dimitri.
– Pas le droit ? »

Le directeur de l'hôtel rougit de colère. « Ah, ces touristes de la planète Terre, tous les mêmes ! Qu'ils sont casse-pieds avec leurs histoires de droits ! Mes amis sont arrivés, ils avaient besoin de 2 chambres. Vous n'êtes pas les seuls à perdre la vôtre. »

Sur la brochure de voyages, Élodie et Dimitri avaient adoré le descriptif de la Planète sans Devoir : « Ici, pas d'obligation, pas de devoir ! » Mais depuis le début de leur séjour, Élodie et Dimitri découvrent quelque chose qui n'est écrit nulle part dans la brochure : ici, tout est décidé par les envies de chacun. Le propriétaire du cinéma a envie de faire une grasse matinée ? Pas de séance. Un conducteur de minifusée a envie de partir en balade ? On rentre à pied. Le directeur de l'hôtel a envie de loger ses amis ? Plus de chambre.

Les droits des biceps

Élodie est énervée.
« Tu devrais insister auprès du directeur pour récupérer la chambre, on s'est laissé faire un peu facilement, reproche-t-elle à Dimitri.
– Insister ? Mais tu as vu son regard quand j'ai râlé ? Et sa carrure de rugbyman ? Et la taille de ses biceps ? Je ne fais pas le poids, il peut m'écraser comme une mouche. »

Dimitri sait ce qui risque d'arriver s'il continue à parler de son droit à garder la chambre : pas de chambre et, en plus, un œil au beurre noir. On dirait que Dimitri a bien compris la vie sur la Planète sans Devoir : tous les droits aux gros biceps, tous les droits aux plus forts.

Au moment de sortir de l'hôtel, Dimitri et Élodie entendent un bruit bizarre. Ils se retournent. Le directeur de l'hôtel est tombé par terre, il est K.O. Un homme immense passe derrière le comptoir pour reprendre sa clé. « C'est celui qui avait la chambre à côté de nous, chuchote Élodie. Viens vite, sortons d'ici ! »

Il arrive toujours un moment où celui qui est le plus fort rencontre quelqu'un d'encore plus fort. Et forcément, ce jour-là, les droits changent de côté : ils vont du côté du plus fort. Et un autre jour, un encore encore plus fort vient et prend ces droits, et un autre jour, un encore encore

encore plus fort va venir et prendra ces droits. Autant dire que dans ce monde-là, « avoir le droit de… » ne veut rien dire. Le droit est remplacé par la force.
Une planète sans devoir est aussi une planète sans droit.

Tu as des devoirs pour demain ?

« *As-tu des devoirs pour demain ?* »
Qui n'entend pas cette question une fois, 2 fois, 3 fois par semaine ?
Une question qui revient comme un refrain, soir après soir, année après année.
Répondons : oui. La suite, tout le monde peut l'écrire : « *Mais alors, qu'est-ce que tu fais là à traîner ? Dépêche-toi, va vite faire tes devoirs ! Il faut qu'ils soient terminés avant le dîner.* »
Répondons : non, je n'ai pas de devoirs. Alors là, étonnement général : « *Ah bon ! Tu n'as pas de devoirs ? Mais pourquoi ? Vérifie quand même dans ton cahier de textes.* » Même si le cahier

confirme qu'il n'y a pas de devoirs, l'enquête continue : « *Tu parlais certainement à Damien quand le professeur a donné les devoirs. Téléphone à Stéphanie, elle te dira ce qu'il y a à faire.* »

On peut échapper à la vaisselle, au devoir de ranger sa chambre ou de sortir le chien pour le pipi du soir. Mais échapper au devoir des devoirs, c'est quasiment impossible. Voilà peut-être pourquoi, depuis tout petit, le mot devoir ne fait pas partie des mots préférés…

Papa, Maman, le surveillant, le professeur…

« Benjamin, qu'est-ce que tu fais dans la cour ? Rentre vite en classe !
— Mais la maîtresse m'a donné le droit de sortir. »

« Papa, est-ce que j'ai le droit d'aller faire du roller ?
— Oui, mais range d'abord ta chambre. »

« Qui a entamé la tarte aux poires que j'avais prévue pour le dessert ?
– Mamie m'a dit que j'avais le droit d'en manger une part. »

« Est-ce que j'ai le droit de regarder la télévision ?
– Seulement si tu as fini tes devoirs. »

Le droit de sortir, le droit de regarder la télévision et le devoir de faire ses devoirs d'école, le droit de lire au lit et le devoir d'éteindre à 10 heures, le droit d'aller dormir chez une copine… Quand on est enfant, les droits et les devoirs, on les reçoit des autres : des parents, des grands-parents, des professeurs, des surveillants…

Ces adultes décident des droits et des devoirs des enfants parce qu'ils sont responsables des enfants. Et tous les adultes, eux, ont des devoirs envers les enfants : le devoir de les protéger, le devoir de ne pas leur faire subir de violences physiques et morales, le devoir de les soigner, de leur permettre de jouer et d'apprendre, de leur donner une bonne éducation, de les élever dans l'affection et le respect…

Qui t'a donné le droit ?

« Papa, qui t'a donné le droit de mettre un short ? » Papa ouvre de grands yeux, il se demande pourquoi Raphaël lui pose cette question. Raphaël pose cette question parce que lui, aujourd'hui, il n'a pas le droit de s'habiller en short. Maman dit qu'avec le vent qui souffle si fort, le sable lui piquera trop les jambes.

« Personne ne m'a donné le droit, répond Papa. C'est moi qui décide comment je m'habille. »

Le soir, Papa n'arrête pas de râler en faisant sa déclaration d'impôts.
« Papa, c'est qui le méchant qui t'oblige à faire ça ? » demande Raphaël.
Papa pose son stylo et sourit.
« C'est personne, mon chéri. C'est la loi : les gens qui travaillent doivent remplir ces papiers. »

Les hommes ont longtemps cru, comme Raphaël, qu'il existe un être au-dessus des autres, un être supérieur qui distribue les droits et les devoirs. Comme les dictateurs qui se donnent le droit de vie et de mort sur leur peuple, comme des rois tout-puissants qui décideraient seuls des lois, comme des chefs religieux qui font croire qu'un dieu ordonne de faire ceci ou cela… Tous ces hommes qui décident seuls des droits et des devoirs des autres, on les appelle des tyrans.

Les lois : des devoirs et des droits

Quand je roule en voiture, je dois attacher ma ceinture.

Dans ce pays, il existe une loi qui exige le port de la ceinture de sécurité.

J'ai le devoir de déclarer la naissance de mon enfant à la mairie.

Ici, il existe une loi qui exige que l'on déclare la naissance de son enfant à la mairie.

Dans chaque pays, les habitants ont des devoirs. Des devoirs imposés par des lois.

J'ai 18 ans, j'ai le droit de conduire une voiture.

Il existe une loi qui m'autorise à conduire une voiture, une loi qui me donne le droit de conduire.

Ici, on a le droit de fumer. Là, on a le droit de stationner. Maintenant, j'ai le droit de voter…

Il existe des lois qui autorisent à fumer ici, à stationner là, à voter aux élections…

Dans chaque pays, les habitants ont des droits. Des droits donnés par des lois.

Feu vert, feu rouge

« Justine va à l'école toute seule !

— Bien sûr, elle adore y aller seule, si tu voyais comme elle est fière ! Et puis l'école n'est pas si loin et Justine est vraiment prudente.

— Dans mon pays, je ne la laisserais pas aller toute seule. Les enfants sont toujours accompagnés, même pour aller au collège. »

Dans ce pays-là, les automobilistes roulent très vite, la vitesse n'est pas limitée, les feux rouges ne fonctionnent pas, on ne sait jamais quand on peut traverser, il n'y a pas de passages piétons ni de trottoirs… On comprend alors pourquoi, là-bas, les enfants ne peuvent pas aller seuls à l'école.

Dans le pays de Justine, il y a des règles, et Justine les connaît. Elle doit traverser sur les passages piétons ; si le feu est rouge, elle a le droit de traverser parce que les automobilistes ont le devoir de s'arrêter ; si le feu est vert, elle doit attendre car les automobilistes ont le droit de passer ; elle doit marcher sur les trottoirs et pas sur la route, les voitures et les motos n'ont pas le droit de rouler sur les trottoirs… On comprend alors pourquoi Justine est libre d'aller à l'école seule. Elle est libre grâce aux droits et aux devoirs qu'elle a et que les automobilistes ont.

Si les autres n'ont aucun devoir, alors je n'ai aucun droit. Et si je n'ai aucun droit, je n'ai aucune liberté. Finalement, on peut dire que les droits et les devoirs sont les gardiens de nos libertés.

Le droit de vote.
Le devoir de voter ?

« Pour qui vas-tu voter au premier tour ? demande Alfred à Laurence.
– Je ne vote pas, ni au premier, ni au deuxième tour.
– Ah bon ! Tu n'as pas encore 18 ans, tu n'as pas le droit de vote ?
– Si, j'ai le droit de vote, mais je ne vote pas.
– Tu exagères, tu ne fais pas ton devoir de citoyen, critique Alfred.
– Mon devoir ? Quel devoir ? Voter n'est pas un devoir, de quoi parles-tu ? » réplique Laurence.

Alfred connaît très bien la loi de son pays, il sait que Laurence a raison : ici, la loi n'oblige personne à voter. Pourtant, Alfred pense que voter est un devoir. Ce devoir dont parle Alfred, il n'est pas écrit dans la loi, il est écrit en lui.

Alfred pense que tout le monde devrait se sentir, comme lui, obligé de participer aux élections. Peut-être qu'un jour, dans son pays, la loi changera, peut-être que voter deviendra un devoir. Mais en attendant, Alfred ne peut imposer ce devoir à personne, il peut juste se l'imposer à lui-même.

Le secret de Marie...

« Mehmet, j'ai un secret à te confier. Mais d'abord, tu dois me promettre que tu ne le diras à personne, jamais. »
Mehmet est vraiment content que Marie lui fasse confiance, mais il hésite quand même. Il se demande s'il va réussir à ne rien dire à Oscar.

Mehmet est libre : il est libre de ne pas promettre, il est libre de promettre, il est libre de refuser d'écouter le secret, il est libre d'accepter d'écouter le secret. Rien ni personne ne l'oblige. Lui seul décide.

« Promis, juré. Je ne dirai rien, jamais, même à Oscar », s'engage finalement Mehmet. Marie lui chuchote le secret à l'oreille.
« Ça alors, c'est incroyable, tu en es sûre ? » s'étonne Mehmet.

Avant d'écouter le secret, Mehmet n'avait aucun devoir envers Marie. Maintenant, si. Il a choisi d'en avoir un.

On croit souvent que les devoirs viennent seulement des autres, que les devoirs sont imposés par un chef, un professeur, des parents, un policier, un juge… Mais en fait, si on réfléchit, on se fabrique soi-même beaucoup de devoirs. On se fabrique des devoirs et on se les fabrique librement.

Évidemment, à partir de maintenant, Mehmet brûle d'envie de raconter le secret de Marie. Surtout à Oscar, son ami d'enfance. Drôle

d'idée : nous nous fabriquons librement des devoirs qui vont contre nos envies.
Entre Mehmet et Marie, il y a un pacte : Marie confie un secret, Mehmet garde le secret pour lui. Un pacte que l'on peut appeler un contrat. Mehmet et Marie n'ont rien écrit, ils n'ont pas signé de papier pour s'engager l'un envers l'autre. Pourtant ce contrat existe.

… et l'amitié d'Alice

À la sortie de l'école, Guillaume propose à Clémence de venir voir un DVD chez lui. Génial ! Depuis le temps qu'elle a envie que Guillaume l'invite ! Mais soudain, Clémence hésite. Et Alice ? Elle n'est pas venue à l'école aujourd'hui. Que lui est-il arrivé ? Est-ce qu'elle est malade ? « Il faudrait que je passe chez elle pour voir si tout va bien, se dit Clémence. Et est-ce qu'elle va revenir demain ? Si elle revient, elle a besoin de la

photocopie de la poésie à apprendre. »
Clémence est très embêtée ; Guillaume l'attend ; elle ne sait pas quoi faire.

Au nom de son amitié pour Alice, Clémence sent qu'elle a des engagements envers elle. Bien sûr, Alice n'a jamais dit : « *En échange de mon amitié, tu dois faire ceci ou tu dois faire cela.* » Pourtant, Clémence hésite à aller chez Guillaume. Son amitié pour Alice lui crée des devoirs.

Personne ne vit seul sur une île déserte. Les hommes vivent ensemble. Et parce qu'ils vivent ensemble, ils sont engagés les uns envers les autres. Tout se passe comme s'il y avait des contrats entre les hommes. Parce qu'ils vivent ensemble, les hommes ont des devoirs les uns envers les autres.

Voilà ce que je veux !

« Non merci, je ne viens pas au cinéma, je reste travailler à la maison. Tu sais, cette année, je ne vais sortir que le samedi soir. »
Mirka raccroche le téléphone et s'installe à son bureau. Elle fera une petite pause pour le dîner et travaillera jusqu'à 22 h 30. « Après, il ne faut surtout pas que j'allume la télévision, se dit Mirka, je dois me coucher pour être en forme demain. »
Au dîner, tout le monde est surpris : Claire, la petite sœur de Mirka, annonce que pour son anniversaire, elle ne veut plus les chaussures de sport qu'elle a demandées.
« Mais tu en as envie depuis des mois ! s'étonne Papa.
– J'ai vu un reportage à la télévision, ils ont dit qu'il y a des enfants de 7 ans qui travaillent dans les usines pour fabriquer ces chaussures. C'est dégoûtant ! »

Mirka et Claire ont un point commun : elles s'imposent des devoirs et elles s'accordent des droits. Le droit de sortir le samedi, le devoir de travailler 4 heures chaque soir, s'accorder une pause pour le dîner, s'interdire la télévision, se priver de ses chaussures préférées…

Ces droits et ces devoirs, elles se les donnent parce qu'elles veulent quelque chose : Mirka veut réussir ses examens pour devenir architecte, Claire veut un monde dans lequel on ne fait pas travailler les enfants dans les usines.

L'être humain ne reste pas là, immobile, à regarder le monde. L'être humain a des rêves, qu'il souhaite réaliser ; il a des buts, qu'il veut atteindre ; il a des projets, auxquels il tient très fort. Voilà pourquoi nous sommes tout entiers construits de droits et de devoirs.

La dame au manteau vert

Pauline va chercher de l'argent au distributeur. Ouf, il n'y a pas la queue, juste une dame avec un drôle de manteau vert pomme. La dame range sa carte dans son sac à main et laisse la place à Pauline.
Pauline glisse sa carte dans le distributeur, elle tape les chiffres de son code, elle appuie sur la touche « 20 euros », reprend sa carte et se penche pour voir si son billet sort. Mais là, surprise : il y a déjà des billets. « C'est le père Noël, cette machine ! » rigole Pauline en comptant l'argent : 100 euros ! Waouh ! Pauline vérifie son ticket : pas de doute, elle n'a demandé que 20 euros. D'ailleurs, voilà son billet qui sort.
Pauline comprend aussitôt : la dame qui était au distributeur avant elle a récupéré sa carte, mais elle a oublié de prendre ses billets.

Pauline regarde tout autour d'elle. Au bout de la rue, elle aperçoit le grand manteau vert pomme, la dame est en train de monter dans un bus. Pas de doute, c'est la dame des billets. Une couleur comme celle-là, on ne l'oublie pas.

On sait bien ce qui se passe pour Pauline : une envie très forte de garder les billets et, en même temps, une petite voix qui lui dit : « *Essaie de rattraper la dame avant que le bus démarre.* » Pauline va-t-elle courir pour rattraper la dame en vert ? Pauline va-t-elle obéir à cet ordre intérieur qui lui dit : « *Vas-y, tu dois* » ?

Tu dois

On doit s'habiller pour sortir dans la rue, on doit porter un casque quand on roule en moto, on doit avoir des papiers d'identité… Les « on doit » venus des lois, on les connaît.
Tu dois arriver à l'heure, tu dois bien te tenir, tu dois dire bonjour, tu dois aller te brosser les dents, tu dois lever le doigt pour parler… Les « tu dois » venus des autres, on les connaît aussi.
Il existe aussi des « tu dois » que personne ne connaît, à part soi, des « tu dois » silencieux que personne n'entend, à part soi.

Le pilote de l'avion n'a qu'une envie : vider la gourde d'un trait, étancher cette soif qui le torture depuis 2 jours. Il regarde ses compagnons de voyage allongés dans le sable, grièvement blessés par l'accident. Ils sont trop faibles pour boire, il faut leur verser de l'eau sur le bord des lèvres. Vont-ils survivre jusqu'à l'arrivée des secours ?

Le pilote est en train de mourir de soif, cela fait 2 jours qu'il est dans le désert, à attendre des secours. Il a envie de garder l'eau pour lui, c'est une question de vie ou de mort. Mais quelque chose en lui est plus fort que sa soif, plus fort que son envie de survivre. Quelque chose le pousse à donner de l'eau à ses compagnons, quelque chose en lui exige qu'il partage l'eau.

Les radars ou les enfants ?

« Allez, roule plus vite !

– Je n'ai pas le droit : ici, la vitesse est limitée à 50 km/h.

– Mais il n'y a personne dans les rues, et tu vois bien qu'il n'y a aucun

policier et pas de radar.
– Je sais, cette limite est ridicule, mais bon, on ne sait jamais, je n'ai pas envie de payer une amende ni de me faire confisquer mon permis de conduire. »

Pierre ne dépasse pas la limite autorisée par peur de payer une amende, par peur de se faire prendre son permis de conduire.

« Allez, roule plus vite !
– Je n'ai pas le droit : ici, la vitesse est limitée à 50 km/h.
– Mais il n'y a personne dans les rues, et tu vois bien qu'il n'y a aucun policier et pas de radar.
– Je sais, mais imagine qu'un enfant sorte de chez lui en courant et traverse la rue sans regarder, je ne pourrai pas m'arrêter à temps si je roule trop vite. »

Yannick ne dépasse pas la limite autorisée pour ne pas risquer d'écraser quelqu'un. Pierre et Yannick font tous les deux leur devoir d'automobiliste : ils obéissent à la limitation de vitesse. Leurs raisons d'obéir sont très différentes : Pierre ne veut pas d'ennuis, Yannick pense à la vie des autres.

Personne ne demande pourquoi on obéit à la loi, pourquoi on fait son devoir. À cause des radars ou à cause des enfants ? Fait-on son devoir par peur ? Fait-on son devoir par générosité ? Par gentillesse ? Avec bonne volonté ? En râlant ? En souriant ? Peu importe.

Le tribunal du soir

Quand on n'obéit pas aux devoirs imposés par la loi, on est puni par des amendes, on paie des contraventions, on peut aussi aller devant un tribunal, être jugé et parfois envoyé en prison…

Imaginons…

- … que Mehmet dise le secret à Oscar.

- … que Pauline empoche immédiatement les billets.

Mehmet et Pauline ne risquent aucune amende, aucune peine de prison. Leur devoir est un devoir moral : aucune loi ne l'impose, aucun gendarme n'est là pour contrôler.

À chaque fois que Mehmet croise Marie, il est gêné, il n'ose pas la regarder, et le soir, dans son lit, Mehmet se tourne et se retourne, il est mal, il imagine la catastrophe si Oscar parle.

Mehmet est seul avec lui-même, il a l'impression de se juger lui-même, seul au tribunal du soir.

Pauline voit des dames en vert partout, elle se dit qu'elle avait le temps de la rattraper, et le soir, quand elle est seule, elle imagine la dame, tremblante, en train de chercher ses billets dans son portefeuille et de paniquer.

… Seule, au tribunal du soir.

Des droits monstrueux

Ce soir-là, le bus est plein. Plus une seule place assise. Mais Jim, lui, veut s'asseoir.
« Debout, file à l'arrière », dit-il à une femme.
Wendy ne bouge pas.
« Debout, à l'arrière ! » hurle Jim.

Jim ne craint rien, il sait qu'il a le droit de chasser Wendy de sa place. Wendy, elle, risque de se faire arrêter et d'aller au poste de police. Elle le sait, elle doit se lever et laisser sa place. C'est la loi : les places à l'avant du bus sont réservées aux Blancs, et quand le bus est plein, les places du milieu sont aussi réservées aux Blancs. Jim est blanc, Wendy est noire.

Cette histoire, on n'a pas envie d'y croire, et pourtant, elle est vraie. Pendant des années et des années, dans le sud des États-Unis d'Amérique, les Blancs avaient le droit d'interdire aux Noirs des places de bus, de leur interdire l'entrée de certaines écoles, l'inscription à des universités, l'entrée de supermarchés, de restaurants… La loi dit ce qui est permis et ce qui est défendu ; la loi ne dit pas ce qui

est bien et ce qui est mal. La loi donne des autorisations et des interdictions, des droits et des devoirs. Et parfois, il arrive que ces droits et ces devoirs soient des droits et des devoirs monstrueux.

Il est humain

« Comment s'est terminée l'histoire de Jim et Wendy, dans le bus ? demande Paul.
– Dans le bus, un monsieur s'est levé. Il s'est mis debout entre Jim et Wendy et il a ordonné à Jim de laisser Wendy tranquille. Jim n'a rien osé faire, il est descendu à l'arrêt d'après. Le monsieur l'avait à l'œil.
– Waouh, ce type est... il est vraiment... » Paul cherche ses mots. « Il est humain », s'exclame-t-il finalement.

« *Il est humain* », quelle expression bizarre... On se doute bien que ce monsieur n'est pas un dromadaire ni un être moitié lézard, moitié homme. Et si on dit que Jim n'est pas humain, si on dit que Jim est inhumain, cela ne voudra pas dire que Jim est un chien ou un serpent.

En fait, quand Paul dit *« ce type est humain »*, il veut dire que cet homme agit humainement, qu'il agit comme un être humain : il respecte les droits de chacun, il sait que son devoir est de respecter les autres, tous les autres.

La Déclaration des droits de l'homme

Tout individu a droit à la vie.

Le droit de vivre.

Que veut dire cela ? On vit, on ne vit pas, ce n'est pas une histoire de droit. On ne va pas demander la permission de vivre ? Et puis à qui la demander ? Et puis quand ? Pourquoi parler d'un droit pour vivre ?

Parce que tout au long de l'histoire du monde, des hommes ont refusé ce droit à d'autres hommes. Pendant la Seconde Guerre mondiale, les nazis ont tué des millions d'êtres humains parce qu'ils étaient juifs, noirs, handicapés, malades mentaux, communistes, syndicalistes, tziganes... : les nazis leur ont enlevé le droit de vivre.

Tout individu a droit à la vie.
Ce droit, les hommes l'ont écrit. C'est la Déclaration universelle des droits de l'homme, une déclaration qui énonce des droits que tous les êtres humains doivent avoir, parce qu'ils sont humains : le droit à la liberté, à la sécurité, le droit de s'occuper de sa santé, le droit d'avoir une bonne alimentation, des habits, un logement, le droit de recevoir une éducation, le droit d'apprendre à lire, écrire, compter...

Une déclaration universelle des droits de l'homme, pour que tous les hommes connaissent et reconnaissent ces droits. Une déclaration pour dire dans quel monde on devrait vivre, dans quel monde on veut vivre.

Awa, Quentin, Kamal, Boris...

Awa dit : « Je veux avoir
le droit de parler ma langue » ;
Quentin dit : « Je veux aussi
le droit de parler la mienne » ;
Kamal dit : « Je veux avoir
le droit de parler ma langue » ;
Boris dit : « Moi aussi » ;
et Li-Cong aussi, et David, et Harry,
et Chouchane, tous veulent avoir le
droit de parler leur langue en classe.
Le professeur compte les demandes,
cela fait huit langues !

Chaque élève demande le droit de s'exprimer dans sa langue maternelle. Pourquoi pas ?
Bien sûr, si Awa a le droit de parler wolof, alors Quentin doit avoir le droit de parler français, et Kamal le droit de parler arabe, et Boris le droit de parler russe, et Li-Cong le droit de parler chinois, et David le droit de parler hébreu, et Harry le droit de parler anglais, et Chouchane le droit de parler arménien. Normal : tout le monde doit être traité de la même manière, un droit est un droit si tout le monde a le même. Sinon, cela s'appelle une faveur ou un privilège ou un avantage.
Si le droit de parler sa langue maternelle est accordé à chacun, on imagine la classe : personne ne comprendra personne. Alors, pour pouvoir étudier ensemble, il va falloir trouver une règle, la même pour tout le monde ; il va falloir annoncer les droits et les devoirs de chacun, les mêmes pour chacun. Bien sûr, beaucoup vont être déçus. Mais s'ils renoncent à un droit, Awa,

Quentin, Kamal, Boris, Li-Cong, David, Harry et Chouchane auront gagné le droit d'étudier ensemble.

DANS LA MÊME COLLECTION

De Brigitte Labbé et Michel Puech

1. La vie et la mort
2. La guerre et la paix
3. Les dieux et Dieu
4. Le travail et l'argent
5. Prendre son temps et perdre son temps
6. Pour de vrai et pour de faux
7. Les garçons et les filles
8. Le bien et le mal
9. La justice et l'injustice
10. Ce qu'on sait et ce qu'on ne sait pas
11. Les chefs et les autres
12. Les petits et les grands
13. Libre et pas libre
14. Le bonheur et le malheur
15. La nature et la pollution
16. La fierté et la honte
17. L'être et l'apparence
18. La violence et la non-violence
19. La beauté et la laideur
20. Le rire et les larmes
21. Le courage et la peur
22. Le succès et l'échec
23. L'amour et l'amitié
24. Le respect et le mépris
25. La parole et le silence

De Brigitte Labbé et P.-F. Dupont-Beurier

26. Le corps et l'esprit
27. D'accord et pas d'accord
28. La mémoire et l'oubli
29. L'homme et l'animal
30. Les droits et les devoirs
31. Moi et les autres
32. Normal et pas normal
33. Le rêve et la réalité
34. Croire et savoir

Brigitte Labbé est écrivain. Pierre-François Dupont-Beurier est professeur agrégé de philosophie. Jacques Azam illustre tous les « Goûters Philo » et signe également des BD chez Milan.

Quelquefois, on se retrouve entre amis, à deux, à trois ou plus, pour regarder un film, faire un jeu, préparer un exposé ou simplement écouter de la musique. Ou bien on est là, ensemble, sans rien faire de spécial. Et il arrive que la conversation démarre, sur un sujet qui intéresse tout le monde.

MON CAHIER GOÛTER PHILO

Sans s'en rendre compte, on se lance dans de grandes discussions sur les parents, les professeurs, les amis, sur l'amour, la guerre, la honte, l'injustice… On refait le monde ! Et le soir, quand on se retrouve seul, on y repense.

C'était vraiment bien de pouvoir parler de tout ça, même si parfois, on est furieux parce qu'on n'est pas du tout d'accord avec ce que les autres disent, ou parce qu'il y en a qui veulent tout le temps parler et n'écoutent rien.

UN VRAI GOÛTER PHILO

Mais alors ! Si c'était bien, pourquoi ne pas organiser des débats, des discussions, sur un sujet qu'on choisirait ensemble ? À la maison, chez des amis ou, pourquoi pas, à l'école ?

Alors voici quelques trucs pour réussir un vrai « goûter philo » :

- Il vaut mieux ne pas être plus de 10 personnes.

- Évidemment, il faut un bon goûter, à boire et à manger !

- C'est bien d'être assis par terre... On peut s'installer comme on veut, on parle plus librement ! Et on peut mettre le goûter au milieu du cercle...

- Quelqu'un est chargé de proposer plusieurs sujets. Sauf si tout le monde s'est déjà mis d'accord pour parler de quelque chose de précis.

UN VRAI GOÛTER PHILO

- Chacun réfléchit pour décider quel sujet il préfère, sans rien dire aux autres pour ne pas les influencer.

- Quand tout le monde a choisi, on vote pour le sujet dont on a le plus envie de parler. Attention : un seul vote par personne.

- Le sujet qui a le plus de voix gagne : c'est de cela qu'on va parler aujourd'hui.

Les autres trucs, pour réussir à s'écouter, pour ne pas s'agresser, pour accepter les idées différentes des siennes, pour laisser parler tout le monde, ces autres trucs, vous les trouverez vite vous-mêmes !

C'est parti ! Donnez-vous une heure. Mais après tout, vous pouvez aussi y passer la journée !

UN VRAI GOÛTER PHILO SUR LES DROITS ET LES DEVOIRS

Les jus de fruits et les gâteaux sont là, le sujet aussi : aujourd'hui, vous avez choisi « Les droits et les devoirs ». Si la discussion a du mal à démarrer – cela arrive quelquefois, on se regarde tous et personne ne sait quoi dire ! –, voici quelques pistes pour lancer le débat :

- Dimitri et Élodie, page 7, passent des vacances sur la Planète sans Devoir. Qui a envie d'aller là-bas ? Pourquoi ?

- Pensez-vous comme Alfred, page 20, que voter devrait être un devoir écrit dans la loi ?

- Mehmet va-t-il trahir le secret que Marie lui a confié, page 21 ? Pourquoi Mehmet se sent-il obligé de ne rien dire à Oscar ?

- Est-ce qu'on peut dire que Pauline, page 27, a de la chance ? À la place de Pauline, que ferions-nous ? Qui a déjà entendu cette petite voix, à l'intérieur de soi, qui dit : « *Tu dois faire ça* » ?

UN VRAI GOÛTER PHILO SUR LES DROITS ET LES DEVOIRS

Pour s'aider, on peut naviguer comme cela dans le livre. Quelqu'un lit tout haut un passage, ou une des petites histoires. Cela fait penser à des histoires qui nous sont arrivées ou sont arrivées à d'autres, on les raconte et on essaie, ensemble, de comprendre ce qu'elles veulent dire.

On peut aussi se poser des questions, et en poser aux autres. Et chercher ensemble des réponses… ou bien se rendre compte que, quelquefois, on ne trouve pas de réponse : derrière une question, il s'en cache une autre, et encore une autre, et encore une autre…

En voici quelques-unes, en vrac… de quoi s'occuper des heures ! « *Si les lois n'existaient pas, ferions-nous tout et n'importe quoi ?* » ; « *A-t-on plus de devoirs ou plus de droits ?* » ; « *Peut-on avoir des droits sans avoir en même temps des devoirs ?* » ; « *Doit-on toujours obéir aux droits et aux devoirs que les lois donnent ?* » ; « *Comment sait-on que l'on a le droit de faire quelque chose ?* » ; « *Comment sait-on que l'on a le devoir de faire quelque chose ?* » ; « *Le travail que donne le professeur, ça s'appelle des devoirs. Pourquoi ?* »

À vous de jouer ! À vous de goûter !
À vous de philosopher !

MES IDÉES...

04/21/12☆ 04/12/12 ☆

1. Un Bébé
2 Bissau
3 - Calin

... MES HISTOIRES

MES IDÉES...

...MES HISTOIRES

MES IDÉES...

... MES HISTOIRES